Impressum
Verlag: BABADADA GmbH, Nedderfeld 112 , 22529 Hamburg
Geschäftsführer / Verlagsleitung: Harald Hof
Druck: Books on Demand GmbH, In de Tarpen 42, 22848 Norderstedt

Imprint
Publisher: BABADADA GmbH, Nedderfeld 112 , 22529 Hamburg, Germany
Managing Director / Publishing direction: Harald Hof
Print: Books on Demand GmbH, In de Tarpen 42, 22848 Norderstedt

school

okul

divide
böl

186/2

board
tahta

classroom
sınıf

school yard
okul bahçesi

teacher
öğretmen

paper
kağıt

write
yazmak

pen
kalem

desk
masa

ruler
cetvel

book
kitap

pupil
öğrenci

satchel

okul çantası

pencil case

kalemlik

pencil

kurşun kalem

pencil sharpener

kalem açacağı

rubber

silgi

drawing pad

çizim defteri

drawing
çizim

paintbrush
resim fırçası

paint box
boya kutusu

scissors
makas

glue
tutkal

exercise book
alıştırma kitabı

homework
ödev

number
sayı

add
ekle

subtract
çıkar

multiply
çarp

calculate
hesapla

letter
harf

alphabet
alfabe

word
kelime

text
metin

read
okumak

chalk
tebeşir

lesson
ders

register
kayıt

exam
sınav

certificate
sertifika

school uniform
okul forması

education
eğitim

encyclopedia
ansiklopedi

university
üniversite

microscope
mikroskop

map
harita

waste-paper basket
kağıt çöp kutusu

hotel
otel

Grand

hostel
pansiyon

ROOMS

bureau de change
döviz bürosu

EXCHANGE

car
otomobil

language
dil

yes / no
evet / hayır

Okay
Tamam

hello
merhaba

translator
çevirmen

Thank you
Teşekkür ederim

how much is...?

bu ... ne kadar?

I do not understand

anlamadım

problem

problem

Good evening!

İyi akşamlar!

Good morning!

Günaydın!

Good night!

İyi geceler!

bye bye

güle güle

direction

yön

luggage

bagaj

bag

çanta

backpack

sırt çantası

guest

misafir

room

oda

sleeping bag

uyku tulumu

tent

çadır

tourist information

turist danışma

beach

sahil

credit card

kredi kartı

breakfast

kahvaltı

lunch

öğle yemeği

dinner

akşam yemeği

ticket

Bilet

lift

asansör

stamp

pul

border

sınır

customs

gümrük

embassy

elçilik

visa

vize

passport

pasaport

travel - seyahat

aeroplane
uçak

ship
gemi

fire engine
yangın söndürme pompası

bus
otobüs

truck
kamyon

motorboat
motorlu tekne

bike
bisiklet

car
otomobil

ferry
feribot

boat
bot

motorbike
motosiklet

police car
polis arabası

racing car
yarış arabası

rental car
kiralık araba

car sharing

ortak araba

breakdown truck

çekici

refuse truck

çöp kamyonu

motor

motor

fuel

yakıt

petrol station

benzinlik

traffic sign

trafik işareti

traffic

trafik

traffic jam

trafik sıkışıklığı

car park

otopark

train station

tren istasyonu

tracks

ray

train

tren

tram

tramvay

carriage

vagon

helicopter

helikopter

airport

havaalanı

tower

kule

passenger

yolcu

container

konteyner

carton

koli

cart

yük arabası

basket

sepet

take off / land

kalkış / iniş

city

şehir

village

köy

city centre

şehir merkezi

house

ev

cinema
sinema

advert
reklam

street lamp
sokak lambası

CINEMA

street
sokak

taxi
taksi

snack shop
büfe

pedestrian
yaya yolu

pavement
kaldırım

zebra crossing
yaya geçidi

bin
çöp kutusu

crossing
kavşak

traffic lights
trafik ışığı

hut
kulübe

flat
apartman dairesi

train station
tren istasyonu

town hall
belediye binası

museum
müze

school
okul

university

üniversite

bank

banka

hospital

hastane

hotel

otel

pharmacy

eczane

office

ofis

book shop

kitapçı

shop

mağaza

florist's

çiçekçi

supermarket

süpermarket

market

market

department store

büyük mağaza

fishmonger's

balık satıcısı

shopping centre

alışveriş merkezi

harbour

liman

park

park

bench

bank

bridge

köprü

stairs

merdiven

underground

metro

tunnel

tünel

bus stop

otobüs durağı

bar

bar

restaurant

restoran

postbox

posta kutusu

street sign

sokak tabelası

parking meter

otopark sayacı

zoo

hayvanat bahçesi

swimming pool

yüzme havuzu

mosque

cami

farm
çiftlik

pollution
kirlilik

graveyard
mezarlık

church
kilise

playground
oyun alanı

temple
tapınak

landscape
arazi

signpost
yön tabelası

way
yol

meadow
çayır

stone
taş

hiker
yürüyüşçü

tree
ağaç

river
ırmak

grass
çimen

flower
çiçek

valley

vadi

hill

tepe

lake

göl

forest

orman

desert

çöl

volcano

volkan

castle

kale

rainbow

gökkuşağı

mushroom

mantar

palm tree

palmiye

mosquito

sivrisinek

fly

sinek

ant

karınca

bee

arı

spider

örümcek

beetle

böcek

frog

kurbağa

squirrel

sincap

hedgehog

kirpi

hare

yabani tavşan

owl

baykuş

bird

kuş

swan

kuğu

boar

yaban domuzu

deer

geyik

moose

geyik

dam

baraj

wind turbine

rüzgar türbini

solar panel

güneş paneli

climate

iklim

waiter
garson

menu
menü

chair
sandalye

soup
çorba

pizza
pizza

cutlery
çatal - bıçak

tablecloth
masa örtüsü

starter
başlangıç

main course
ana yemek

dessert
tatlı

drinks
içecekler

food
yemek

bottle
şişe

fast food

fastfood

street food

sokak yemeği

teapot

çaydanlık

sugar bowl

şekerlik

portion

porsiyon

espresso machine

espresso makinesi

high chair

mama sandalyesi

bill

fatura

tray

tepsi

knife

bıçak

fork

çatal

spoon

kaşık

teaspoon

çay kaşığı

serviette

servis peçetesi

glass

bardak

plate

tabak

soup plate

çorba kasesi

saucer

fincan altlığı

sauce

sos

salt pot

tuzluk

pepper mill

karabiber değirmeni

vinegar

sirke

oil

yağ

spices

baharat

ketchup

ketçap

mustard

hardal

mayonnaise

mayonez

special offer
özel teklif

customer
müşteri

FOR

dairy
süt ürünleri

fruit
meyve

trolley
alışveriş arabası

butcher´s

kasap

baker´s

fırın

weigh

tartmak

vegetables

sebze

meat

et

frozen food

donmuş gıda

cold meat

söğüş et

tinned food

konserve yiyecek

washing powder

toz deterjan

sweets

şekerlemeler

household products

ev temizlik ürünleri

cleaning products

temizlik ürünleri

salesperson

satış görevlisi

till

yazar kasa

cashier

kasiyer

shopping list

alışveriş listesi

opening hours

açılış saatleri

wallet

cüzdan

credit card

kredi kartı

bag

çanta

plastic bag

plastik poşet

water
su

juice
meyve suyu

milk
süt

coke
kola

wine
şarap

beer
bira

alcohol
alkol

cocoa
kakao

tea
çay

coffee
kahve

espresso
espresso

cappuccino
kapuçino

banana

muz

apple

elma

orange

portakal

melon

kavun

lemon

limon

carrot

havuç

garlic

sarımsak

bamboo

bambu

onion

soğan

mushroom

mantar

nuts

çerez

noodles

makarna

spaghetti

spagetti

rice

pirinç

salad

salata

chips

cips

fried potatoes

patates kızartması

pizza

pizza

hamburger

hamburger

sandwich

sandviç

cutlet

şinitzel

ham

pastırma

salami

salam

sausage

sosis

chicken

tavuk

roast

rosto

fish

balık

porridge oats

yulaf ezmesi

muesli

müsli

cornflakes

mısır gevreği

flour

un

croissant

kruvasan

bread roll

küçük ekmek

bread

ekmek

toast

tost

biscuits

bisküvi

butter

tereyağı

curd

kaymak

cake

kek

egg

yumurta

fried egg

sahanda yumurta

cheese

peynir

ice cream

dondurma

sugar

şeker

honey

bal

jam

reçel

chocolate spread

fındık ezmesi

curry

köri

goat

keçi

cow

inek

calf

buzağı

pig

domuz

piglet

domuz yavrusu

bull

boğa

goose
kaz

duck
ördek

chick
civciv

hen
tavuk

cock
horoz

rat
sıçan

cat
kedi

mouse
fare

ox
öküz

dog
köpek

doghouse
köpek kulübesi

garden hose
bahçe hortumu

watering can
sulama kabı

scythe
tırpan

plough
pulluk

sickle

orak

hoe

çapa

pitchfork

dirgen

axe

balta

wheelbarrow

el arabası

trough

yemlik

milk can

süt kovası

sack

çuval

fence

çit

stable

ahır

greenhouse

sera

soil

toprak

seed

tohum

fertilizer

gübre

combine harvester

biçerdöver

farm - çiftlik

harvest

hasat etmek

harvest

harman

yams

tatlı patates

wheat

buğday

soy

soya

potato

patates

corn

mısır

rapeseed

kolza

fruit tree

meyve ağacı

cassava

manyok

cereals

hububat

living room

oturma odası

bathroom

banyo

kitchen

mutfak

bedroom

yatak odası

child's room

çocuk odası

dining room

yemek odası

floor

zemin

wall

duvar

ceiling

tavan

cellar

kiler

sauna

sauna

balcony

balkon

terrace

teras

pool

havuz

lawn mower

çim biçme makinesi

sheet

çarşaf

bedspread

yatak örtüsü

bed

yatak

broom

süpürge

bucket

kova

switch

anahtar

carpet
halı

curtain
perde

table
masa

chair
sandalye

rocking chair
salıncaklı koltuk

armchair
koltuk

book
kitap

blanket
battaniye

decoration
dekor

firewood
odun

film
film

hi-fi equipment
hi-fi

key
anahtar

newspaper
gazete

painting
tablo

poster
poster

radio
radyo

notepad
defter

hoover
elektrikli süpürge

cactus
kaktüs

candle
mum

fridge
buzdolabı

microwave oven
mikrodalga fırın

kitchen scales
mutfak tartısı

toaster
tost makinesi

detergent
deterjan

oven
fırın

freezer
buzluk

dishwasher
bulaşık makinesi

cooker
ocak

pot
tencere

cast-iron pot
döküm tencere

wok / kadai
wok

pan
tava

kettle
su ısıtıcı

steamer

buharlı pişirici

baking tray

pişirme tepsisi

crockery

tabak takımı

mug

kupa

bowl

kase

chopsticks

çubuk (çin yemeği)

ladle

kepçe

spatula

spatula

whisk

çırpma teli

strainer

süzgeç

sieve

elek

grater

rende

mortar

havan

barbecue

barbekü

open fire

açık ateş

chopping board

kesme tahtası

rolling pin

merdane

corkscrew

tirbüşon

can

konserve kutusu

can opener

konserve açacağı

pot holder

fırın eldiveni

sink

evye

brush

fırça

sponge

sünger

blender

blender

deep freezer

derin dondurucu

baby bottle

biberon

tap

musluk

heating
ısıtma

shower
duş

towel
havlu

shower curtain
duş perdesi

bubble bath
köpük banyosu

bathtub
küvet

glass
bardak

washing machine
çamaşır makinesi

tap
musluk

tiles
fayans

potty
lazımlık

sink
evye

toilet

tuvalet

squat toilet

alaturka tuvalet

bidet

bide

urinal

pisuvar

toilet paper

tuvalet kağıdı

toilet brush

tuvalet fırçası

toothbrush

diş fırçası

toothpaste

diş macunu

dental floss

diş ipi

wash

yıkamak

handheld shower

duş başlığı

douche

duş başlığı şeklinde taharet musluğu

basin

küvet

back brush

banyo fırçası

soap

sabun

shower gel

duş jeli

shampoo

şampuan

flannel

banyo lifi

drain

gider

cream

krem

deodorant

deodorant

mirror

ayna

hand mirror

el aynası

razor

jilet

shaving foam

tıraş köpüğü

aftershave

tıraş losyonu

comb

tarak

brush

fırça

hair dryer

saç kurutma makinesi

hairspray

saç spreyi

makeup

makyaj

lipstick

ruj

nail varnish

tırnak cilası

cotton wool

pamuk

nail scissors

tırnak makası

perfume

parfüm

washbag
makyaj çantası

stool
tabure

weighing scale
tartı

bathrobe
bornoz

rubber gloves
lastik eldiven

tampon
tampon

sanitary towel
kadın pedi

chemical toilet
kimyevi tuvalet

alarm clock
çalar saat

cuddly toy
peluş oyuncak

toy car
oyuncak araba

rattle
çıngırak

doll's house
bebek evi

present
hediye

balloon

balon

bed

yatak

pram

bebek arabası

deck of cards

kart destesi

jigsaw

yapboz

comic

çizgi roman

lego bricks

lego tuğlaları

building blocks

lego blokları

action figure

aksiyon figürü

babygrow

zıbın

frisbee

frizbi

mobile

dönence

board game

masa oyunu

dice

zar

model train set

model tren seti

dummy

emzik

party

parti

picture book

resimli kitap

ball

top

doll

oyuncak bebek

play

oynamak

sandpit

kum havuzu

swing

salıncak

toys

oyuncaklar

video game console

video oyun konsolu

tricycle

üç tekerlekli bisiklet

teddy bear

oyuncak ayı

wardrobe

gardırop

clothing
kıyafet

socks

çorap

stockings

külotlu çorap

tights

tayt

scarf
eşarp

umbrella
şemsiye

belt
kemer

t-shirt
tişört

boots
bot

slippers
terlik

trainers
spor ayakkabı

sandals

sandalet

shoes

ayakkabı

rubber boots

lastik çizme

underpants

külot

bra

sütyen

vest

yelek

clothing - kıyafet

body

dar bluz

trousers

pantolon

jeans

kot pantolon

skirt

etek

blouse

bluz

shirt

gömlek

pullover

kazak

hoodie

süveter

blazer

blazer

jacket

ceket

coat

mont

raincoat

yağmurluk

costume

kostüm

dress

elbise

wedding dress

gelinlik

suit

takım elbise

nightgown

gecelik

pyjamas

pijama

sari

sari

headscarf

baş örtüsü

turban

türban

burqa

burka

kaftan

kaftan

abaya

çarşaf

swimsuit

mayo

trunks

erkek mayosu

shorts

şort

tracksuit

eşofman

apron

önlük

gloves

eldiven

button

düğme

glasses

gözlük

bracelet

bilezik

necklace

kolye

ring

yüzük

earring

küpe

cap

kep

coat hanger

portmanto

hat

şapka

tie

kravat

zip

fermuar

helmet

kask

braces

pantolon askısı

school uniform

okul forması

uniform

üniforma

bib

mama önlüğü

dummy

emzik

nappy

bebek bezi

server
sunucu

filing cabinet
dosya dolabı

printer
yazıcı

monitor
monitör

paper
kağıt

mouse
fare

desk
masa

folder
klasör

keyboard
klavye

waste-paper basket
kağıt çöp kutusu

chair
sandalye

computer
bilgisayar

coffee mug

kahve fincanı

calculator

hesap makinesi

internet

internet

laptop

dizüstü

letter

mektup

message

mesaj

mobile

cep telefonu

network

ağ

photocopier

fotokopi makinesi

software

yazılım

telephone

telefon

plug socket

priz

fax machine

faks makinesi

form

form

document

belge

buy

satın almak

pay

ödemek

trade

ticaret yapmak

money

para

dollar

dolar

euro

avro

yen

yen

rouble

ruble

Swiss franc

İsviçre frangı

renminbi yuan

Çin yuanı

rupee

rupi

cashpoint

kasa

bureau de change

döviz bürosu

gold

altın

silver

gümüş

oil

petrol

energy

enerji

price

fiyat

contract

kontrat

tax

vergi

stock

menkul değer

work

çalışmak

employee

işveren

employer

işçi

factory

fabrika

shop

mağaza

police officer
polis memuru

fireman
itfaiyeci

pilot
pilot

cook
aşçı

doctor
doktor

gardener

bahçıvan

carpenter

marangoz

seamstress

terzi

judge

hakim

chemist

kimyager

actor

aktör

bus driver

otobüs şoförü

taxi driver

taksi şoförü

fisherman

balıkçı

cleaning lady

temizlikçi

roofer

çatı ustası

waiter

garson

hunter

avcı

painter

boyacı

baker

fırıncı

electrician

elektrikçi

builder

inşaatçı

engineer

mühendis

butcher

kasap

plumber

muslukçu

postman

postacı

soldier

asker

architect

mimar

cashier

kasiyer

florist

çiçekçi

hairdresser

kuaför

conductor

kondüktör

mechanic

tamirci

captain

kaptan

dentist

dişçi

scientist

bilim insanı

rabbi

haham

imam

imam

monk

keşiş

clergyman

rahip

hammer
çekiç

pliers
penseler

screwdriver
tornavida

spanner
İngiliz anahtarı

torch
el feneri

digger

kazı makinesi

toolbox

alet çantası

ladder

merdiven

saw

testere

nails

çiviler

drill

matkap

repair

tamir etmek

shovel

kürek

Damn!

Kahretsin!

dustpan

faraş

paint pot

boya tenekesi

screws

vidalar

musical instruments
müzik enstrümanı

loudspeaker
hoparlör

drum kit
bateri seti

guitar
gitar

double bass
kontrbas

trumpet
trompet

piano
piyano

violin
keman

bass
basgitar

timpani
timpani

drums
bateri

keyboard
klavye

saxophone
saksafon

flute
flüt

microphone
mikrofon

entrance
giriş

tiger
kaplan

cage
kafes

zebra
zebra

animal feed
hayvan yemi

panda
panda

animals

hayvanlar

elephant

fil

kangaroo

kanguru

rhino

gergedan

gorilla

goril

bear

ayı

camel
deve

ostrich
deve kuşu

lion
aslan

monkey
maymun

flamingo
flamingo

parrot
papağan

polar bear
kutup ayısı

penguin
penguen

shark
köpek balığı

peacock
tavus kuşu

snake
yılan

crocodile
timsah

zookeeper
hayvanat bahçesi görevlisi

seal
fok

jaguar
jaguar

zoo - hayvanat bahçesi

pony

midilli atı

leopard

leopar

hippo

su aygırı

giraffe

zürafa

eagle

kartal

boar

yaban domuzu

fish

balık

turtle

kaplumbağa

walrus

mors

fox

tilki

gazelle

ceylan

zoo - hayvanat bahçesi

American football
amerikan futbolu

cycling
bisiklete binme

tennis
tenis

basketball
basketbol

swimming
yüzme

boxing
boks

ice hockey
buz hokeyi

football
....
futbol

badminton
....
badminton

athletics
....
atletizm

handball
....
hentbol

skiing
....
kayak

polo
....
polo

jump
atlamak

laugh
gülmek

hug
sarılmak

walk
yürümek

sing
söylemek

dream
hayal etmek

pray
dua etmek

kiss
öpmek

write

yazmak

draw

çizmek

show

göstermek

push

itmek

give

vermek

take

almak

have
....
sahip olmak

do
....
yapmak

be
....
olmak

stand
....
ayakta durmak

run
....
koşmak

pull
....
çekmek

throw
....
atmak

fall
....
düşmek

lie
....
yalan söylemek

wait
....
beklemek

carry
....
taşımak

sit
....
oturmak

get dressed
....
giyinmek

sleep
....
uyumak

wake up
....
uyanmak

look at

bakmak

cry

ağlamak

stroke

vurmak

comb

taramak

talk

konuşmak

understand

anlamak

ask

sormak

listen

dinlemek

drink

içmek

eat

yemek

tidy up

düzenlemek

love

sevmek

cook

pişirmek

drive

sürmek

fly

uçmak

sail

denize açılmak

calculate

hesapla

read

okumak

learn

öğrenmek

work

çalışmak

marry

evlenmek

sew

dikmek

brush teeth

diş fırçalamak

kill

öldürmek

smoke

sigara içmek

send

yollamak

grandmother
büyükanne

grandfather
büyükbaba

father
baba

mother
anne

baby
bebek

daughter
kız

son
oğul

guest

misafir

aunt

teyze

uncle

amca

brother

erkek kardeş

sister

kız kardeş

forehead
alın

eye
göz

shoulder
omuz

finger
parmak

face
yüz

chin
çene

hand
el

breast
göğüs

leg
bacak

arm
kol

baby

bebek

man

adam

woman

kadın

girl

kız

boy

erkek çocuk

head

baş

back

sırt

belly

karın

belly button

göbek

toe

ayak parmağı

heel

topuk

bone

kemik

hip

kalça

knee

diz

elbow

dirsek

nose

burun

bottom

kalça

skin

deri

cheek

yanak

ear

kulak

lip

dudak

body - vücut

mouth

ağız

tooth

diş

tongue

dil

brain

beyin

heart

kalp

muscle

kas

lung

akciğer

liver

karaciğer

stomach

mide

kidneys

böbrekler

sex

seks

condom

prezervatif

ovum

yumurtalık

semen

sperm

pregnancy

hamilelik

menstruation

regl

vagina

vajina

penis

penis

eyebrow

kaş

hair

saç

neck

boyun

hospital
hastane

ambulance
ambulans

wheelchair
tekerlekli sandalye

fracture
kırık

doctor
doktor

emergency room
acil servis

nurse
hemşire

emergency
acil

unconscious
baygın

pain
acı

injury

yaralanma

bleeding

kanama

heart attack

kalp krizi

stroke

felç

allergy

alerji

cough

öksürük

fever

ateş

flu

grip

diarrhoea

ishal

headache

baş ağrısı

cancer

kanser

diabetes

şeker hastalığı

surgeon

cerrah

scalpel

neşter

operation

operasyon

CT

bilgisayarlı tomografi

x-ray

röntgen

ultrasound

ultrason

face mask

yüz maskesi

disease

hastalık

waiting room

bekleme odası

crutch

koltuk değneği

plaster

yara bandı

bandage

bandaj

injection

enjeksiyon

stethoscope

steteskop

stretcher

sedye

clinical thermometer

tıbbi termometre

birth

doğum

overweight

fazla kilo

hearing aid

işitme cihazı

disinfectant

dezenfektan

infection

enfeksiyon

virus

virüs

HIV / AIDS

HIV / AIDS

medicine

ilaç

vaccination

aşı

tablets

tablet

pill

hap

emergency call

acil çağrı

blood pressure monitor

tansiyon aleti

ill / healthy

hasta / sağlıklı

Help!	alarm	assault
İmdat!	alarm	darp
attack	danger	emergency exit
saldırı	tehlike	acil çıkış
Fire!	fire extinguisher	accident
Yangın!	yangın tüpü	kaza
first-aid kit	SOS	police
ilk yardım çantası	imdat	polis

Europe

Avrupa

North America

Kuzey Amerika

South America

Güney amerika

Africa

Afrika

Asia

Asya

Australia

Avustralya

Atlantic

Atlantik

Pacific

Pasifik

Indian Ocean

Hint Okyanusu

Antarctic Ocean

Antarktika Okyanusu

Arctic Ocean

Arktik Okyanusu

North Pole

Kuzey Kutbu

South Pole

Güney Kutbu

Antarctica

Antarktika

Earth

dünya

land

kara

sea

deniz

island

ada

nation

ulus

state

ülke

clock face

kadran

hour hand

akrep

minute hand

yelkovan

second hand

saniye ibresi

What time is it?

Saat kaç?

day

gün

time

zaman

now

şimdi

digital watch

dijital saat

minute

dakika

hour

saat

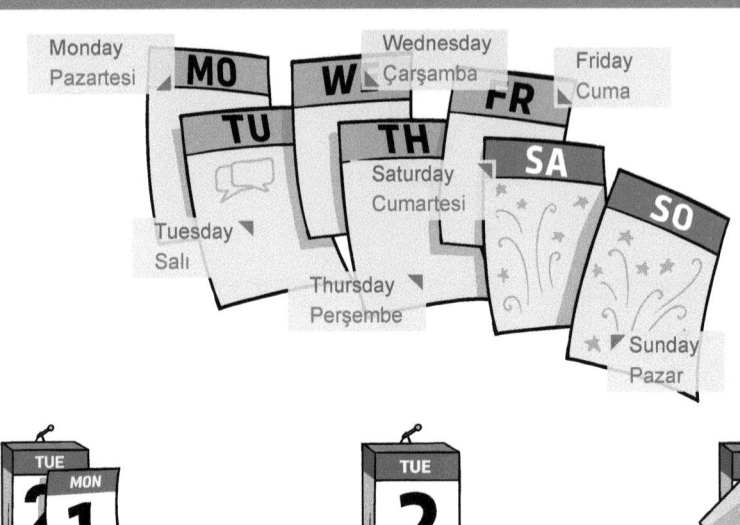

Monday / Pazartesi
Wednesday / Çarşamba
Friday / Cuma
Tuesday / Salı
Saturday / Cumartesi
Thursday / Perşembe
Sunday / Pazar

yesterday
dün

today
bugün

tomorrow
yarın

morning
sabah

noon
öğle

evening
akşam

business days
iş günleri

weekend
hafta sonu

rain
yağmur

wind
rüzgar

snow
kara

spring
bahar

autumn
sonbahar

summer
yaz

winter
kış

4.APRIL	11°	☀
5.APRIL	4°	🌧
6.APRIL	13°	🌧
7.APRIL	8°	❄
8.APRIL	10°	☀

weather forecast

hava durumu tahmini

thermometer

termometre

sunshine

güneş ışığı

cloud

bulut

fog

sis

humidity

nem

lightning

şimşek

thunder

gök gürültüsü

storm

fırtına

hail

dolu

monsoon

muson

flood

sel

ice

buz

January

Ocak

February

Şubat

March

Mart

April

Nisan

May

Mayıs

June

Haziran

July

Temmuz

August

Ağustos

year - yıl

September
Eylül

October
Ekim

November
Kasım

December
Aralık

circle
daire

square
kare

rectangle
dikdörtgen

triangle
üçgen

sphere
küre

cube
küp

white
beyaz

yellow
sarı

orange
turuncu

pink
pembe

red
kırmızı

purple
mor

blue
mavi

green
yeşil

brown
kahverengi

grey
gri

black
siyah

a lot / a little

çok / az

angry / calm

kızgın / sakin

beautiful / ugly

güzel / çirkin

beginning / end

başlangıç / son

big / small

büyük / küçük

bright / dark

parlak / karanlık

brother / sister

erkek kardeş / kız kardeş

clean / dirty

temiz / kirli

complete / incomplete

tamam / eksik

day / night

gün / gece

dead / alive

ölü / canlı

wide / narrow

geniş / dar

edible / inedible

yenilebilir / yenilemez

evil / kind

kötü / iyi

excited / bored

heyecanlı / sıkılmış

fat / thin

şişman / zayıf

first / last

ilk / son

friend / enemy

dost / düşman

full / empty

dolu / boş

hard / soft

sert / yumuşak

heavy / light

ağır / hafif

hunger / thirst

açlık / susuzluk

ill / healthy

hasta / sağlıklı

illegal / legal

yasa dışı / yasal

intelligent / stupid

zeki / aptal

left / right

sol / sağ

near / far

yakın / uzak

new / used

yeni / kullanılmış

nothing / something

hiçbir şey / bir şey

old / young

yaşlı / genç

on / off

açma / kapama

open / closed

açık / kapalı

quiet / loud

sessiz / gürültülü

rich / poor

zengin / fakir

right / wrong

doğru / yanlış

rough / smooth

pürüzlü / düz

sad / happy

üzgün / mutlu

short / long

kısa / uzun

slow / fast

yavaş / hızlı

wet / dry

ıslak / kuru

warm / cool

sıcak / serin

war / peace

savaş / barış

0	**1**	**2**
zero	one	two
sıfır	bir	iki

3	**4**	**5**
three	four	five
üç	dört	beş

6	**7**	**8**
six	seven	eight
altı	yedi	sekiz

9	**10**	**11**
nine	ten	eleven
dokuz	on	on bir

12

twelve

on iki

13

thirteen

on üç

14

fourteen

on dört

15

fifteen

on beş

16

sixteen

on altı

17

seventeen

on yedi

18

eighteen

on sekiz

19

nineteen

on dokuz

20

twenty

yirmi

100

hundred

yüz

1.000

thousand

bin

1.000.000

million

milyon

languages
diller

English
İngilizce

American English
Amerikan İngilizcesi

Chinese Mandarin
Çince (Mandarin)

Hindi
Hintçe

Spanish
İspanyolca

French
Fransızca

Arabic
Arapça

Russian
Rusça

Portuguese
Portekizce

Bengali
Bengalce

German
Almanca

Japanese
Japonca

I
ben

you
sen

he / she / it
o

we
biz

you
siz

they
onlar

who?
kim?

what?
ne?

how?
nasıl?

where?
nerede?

when?
ne zaman?

name
isim

behind

arkasında

in

içinde

in front of

önünde

over

üzerinde

on

üstünde

under

altında

beside

yanında

between

arasında

place

yer